COPIA ORIGINAL

AINHOA AGUIRREGOITIA

COPIA ORIGINAL

ANTIPASTI, PASTA, PIZZAS Y UN RISOTTO

CONTENIDO

PASTA

PIZZAS

UN RISOTTO

INTRODUCCIÓN

Copia original. Más que una copia. Este libro busca tener personalidad propia, si bien se inscribe dentro de los cánones de la cocina italiana, y es en esta búsqueda en la que cada plato se va apartando, casi sin pretenderlo, del camino preestablecido. De esta forma construimos una realidad paralela, versionada y atrevida, con algunas características propias y exclusivas de la copia. Una copia no autorizada por los italianos, pero que alcanza un impacto gustativo y visual tan grato que el libro se postula como una obra de referencia en la biblioteca de cualquier hogar que aprecie la cocina italiana. Esta no es una copia cualquiera. Se trata de una copia original tal y como la entienden los imitadores de moda napolitanos; como ellos, creo que esta copia es la buena, la digna de colección, la original.

Intentar reproducir el recetario italiano de manera exhaustiva no solo sería una cuestión demasiado compleja, sino que nos alejaría de la idea que persigue este libro. Es posible que se echen en falta algunas de sus recetas más icónicas, pero mi intención ha

sido retratar la forma de hacer y de entender la cocina italiana más que presentar su clásico recetario. En cualquier caso, verás muchas de las recetas de pasta más elogiadas, otras versionadas y unas terceras completamente nuevas, pero siempre con una raíz que las vincula directamente con la culinaria italiana. Además de ofrecerte estas recetas, lo que intento es enseñarte la técnica, los conceptos y las formas de proceder en la cocina en Italia, para que seas tú quien versione el inagotable mundo de la pasta y las masas. Que la pasta funciona con todo es una máxima internacional. Todos lo saben y nosotros también. Pero explicaré algunos de sus principios para respetar lo que es una cocción *al dente*, la *mantecatura* y el uso de productos de temporada y proximidad.

Soy consciente de que las recetas que presento a continuación de manera rápida, didáctica y sencilla te llevarán de cabeza a la cocina, pero no renuncio a su historia, a los años de conocimiento y a la tradición que las acompañan. Admiramos la aparente simplicidad de sus resultados y su necesidad, creemos que inconsciente, de reducir los elementos. Italia es una incansable defensora de lo propio, de lo auténtico y del sabor. Cuenta con sus innumerables casas de comidas, donde puedes comer, comer y comer mucho, rico y sin artificios. Italia y su culinaria es, de norte a sur, tradición, cultura, tomate, trigo, huevo, brotes y hierbas, quesos, vino y aceite de oliva, alcachofas y aceitunas. Color, impulso, drama y sencillez, franqueza y enredo. Es ligera, digestiva y calórica; sana, mediterránea y desbordante. Siempre apetece ir y disfrutarla. Si un plato de pasta no está en su punto, tenemos un problema de estado. Lo que se siente en Italia por la pasta es devoción. No les cansa, ni les aburre, ni les causa hartazgo. La defienden a capa y espada frente a cualquiera indicio de menosprecio. Yo lo aplaudo y respaldo. Siento pasión por ella desde hace muchos años.

En Italia se da un hecho muy particular, infrecuente en las gastronomías del mundo, y es que sus platos regionales han conseguido traspasar fronteras y ser considerados habituales en otras localidades del país, véase el caso de la lasaña, la carbonara o la amatriciana, entre otros muchos. Esas fronteras se han extendido aun más, por ejemplo, el caso de la pizza. Aunque es, en esencia, napolitana —mozzarella, tomate y albahaca—, creo que no existe un plato más internacional. Es más, dependiendo de en qué. parte del mundo te encuentres, tendrá. su propio sello de identidad. En Nueva York es la comida rápida por excelencia, las porciones de pizza a un dólar son un símbolo de la ciudad. En Argentina nos encontramos con la *fugazzeta*, una versión de la pizza italiana que tiene allí su historia, reconocimiento y personalidad propia.

Este libro y sus recetas son un homenaje también a las abuelas, a las *trattorias*, *osterias* y restaurante, a todos aquellos que han dedicado su vida y trabajo a la cocina, ya sea en el ámbito doméstico o en el profesional, a quienes, generación tras generación, han protegido una de las cocinas más populares, internacionales y queridas del mundo.

Nota: las recetas que presentamos utilizan los productos de calidad que ofrece la tienda Colmado Singular pero puedes sustituirlos por los que tengas a a tu alcance.

CONCEPTOS GASTRONÓMICOS ITALIANOS

Como cualquier especialidad, la gastronomía cuenta con un vocabulario propio. Si además nos centramos en la culinaria de un país concreto, más que con vocabulario, nos encontramos con conceptos, técnicas y productos propios. Este apartado de términos nos ayudará a entender mejor las recetas y a saber cómo ejecutar cada una de ellas, garantizándonos el éxito.

Al dente: hace referencia al punto de cocción de la pasta. Las cantidades ideales para la cocción son: 1 l de agua por 10 g de sal por cada 100 g de pasta. La sal en el agua de cocción es imprescindible. Recuerda que solo tendrás esta oportunidad para salar tu pasta por dentro. Cuando el agua rompa a hervir, será el momento de añadir la sal y justo después, la pasta. Al principio de la cocción, puedes remover la pasta para que no se pegue el fondo de la olla; cuando el agua hierva de nuevo, no será necesario hacerlo. La segunda vez que al agua rompe a hervir, con la pasta ya dentro, no es necesario que lo haga con un hervor muy fuerte. Esto ayudará a que la pasta no se rompa y su textura sea más mantequillosa. El *dente* perfecto será aquel en el que la pasta tenga mordida y la cocción sea regular en toda la pieza. Tiene que perder el centro «crujiente», pero ha de conservar cierta rigidez.

Aceitunas Leccina: el olivo Leccino es de origen italiano y está considerado como unode los más rústicos. Su oliva, la Leccina, destaca por su gama cromática variada, su saborafrutado y un amargor muy regulado. Son de textura tersa y fáciles de adaptar a cualquier receta por su sabor tan equilibrado.

Cime di rapa: se trata de los conocidos grelos de Galicia; consisten en el brote floral delnabo. Pueden resultar ligeramente amargos, pero combinados con pasta, pizza o arroz aportan un contraste de lo más interesante.

Fontana: es un término utilizado en las elaboraciones de pasta fresca. Se refiere al volcán que formamos en la harina antes de añadir los huevos o cualquier elemento líquido. Lo que hayamos añadido se irá batiendo poco a poco mientras incorporamos la

harina de las paredes de la *fontana*, hasta que la parte líquida sea manejable y no se desborde.

Guanciale: se trata de un embutido italiano de cerdo que se elabora con la cara y el cuello. Su porcentaje en grasa es muy alto, pero cuenta también con un óptimo porcentaje de carne entreverada. Se condimenta con mucha pimienta negra y es el reyde la carbonara, la *amatriciana* y la *gricia*.

Harina tipo 00: es la harina más fina, blanca y versátil; su denominación 00 hace referencia a la molienda, es decir, ha sido muy molida y es la más refinada. En ella no encontraremos restos de salvado ya que su grano está sometido a un tamizado muy suave. La tipología de harinas en Italia va del tipo 00 al tipo 2, la integral, dejando en un lugar intermedio al tipo 0 y al tipo 1. La harina tipo 00 es la favorita en elaboraciones como la pasta al huevo, por la textura tan sedosa del resultado final.

Larga fermentación: es un concepto con el que estamos muy familiarizados en los últimos años, pero ¿sabemos realmente

qué nos aporta esta técnica? Durante el amasado lo que estamos haciendo es desarrollar el gluten; este formará una malla a lo largo de toda nuestra masa, que nos ayudará a dar forma al pan y a retener los gases propios de la fermentación. Una fermentación larga favorecerá la degradación de las cadenas de azúcares generadas por el almidón y permitirá que el consumo de trigo sea mucho más fácil de digerir. Digamos que hace una «predigestión» por nosotros. Además de aportar una mayor durabilidad, el pan tendrá mejor sabor y textura.

Mantecatura: hace referencia a ligar la pasta con la salsa o el jugo hasta conseguir una textura cremosa. Consiste en retirar la pasta del agua de cocción dos minutos antes de que esté *al dente* y aplicarle una segunda cocción directamente con la salsa, añadiendo puntualmente agua de cocción. La calidad de la pasta es imprescindible en este paso. Elhecho de que la pasta que utilicemos esté procesada con molduras de bronce dejará enella un dibujo rugoso que permitirá que la salsa se adhiera y, junto con el almidón que tiene la pasta, formará esa crema tan deseada. La grasa añadida, ya sea aceite de oliva virgen extra, queso o mantequilla, será el tercer elemento clave en este procedimiento, ya que ayudará a que la cremosidad sea todavía mayor. Los movimientos en la *mantecatura* deberán ser delicados y en círculos.

Pasta fresca: el concepto de pasta fresca en Italia puede tener dos vertientes: una de huevo y harina tipo 00, más propia del norte; y otra con agua y sémola, más popular en el sur. Son texturas y sabores distintos. En el primer caso, el hecho de utilizar una harina de tipo 00, más refinada, hace que la pasta sea muy sedosa y suave; el huevo también aporta un sabor particular y propio. En el segundo caso, la consistencia es más ruda y, al hacerse con agua, el sabor de la sémola está muy presente.

Pasta seca: es una mezcla de harina de trigo duro y agua. Una buena pasta seca estará elaborada con moldes de bronce y se habrá secado a temperaturas bajas. Se trata de un aire que oscila entre 50 y 54 °C, no dejando que la temperatura de la pasta sea superior a 40 °C. Este proceso de secado a bajas temperaturas conservará mejor el sabor del trigo. En procesos industriales que buscan secar la pasta en tiempos cortos utilizan altas temperaturas de entre 70 y 130 °C, afectando a la calidad de la pasta. Por otro lado, la utilización del bronce nos ayudará a conseguir la textura perfecta para formar la crema de la *mantecatura*.

Passata: es un puré de tomate. Podemos encontrarlo con mayor o menor porcentaje de agua. En definitiva, se trata de un tomate escurrido menos espeso que el concentrado. Lo utilizan con frecuencia para las bases de pizza, platos de pasta y guisos.

Tomate datterino rojo o amarillo: se trata de un tomate de tamaño pequeño, con un sabor muy intenso y colores muy definidos y vivos. El excelente equilibrio entre el dulce y el ácido hace que se haya vuelto muy popular en los últimos años. Debemos tener encuenta que el amarillo es más dulce que el rojo.

ANTIPASTI

BERENJENA ASADA, PESTO Y HUEVAS DE SALMÓN

Ingredientes:

- 1 berenjena
- 15 g de pesto Rossi
- huevas de salmón salvaje
- Caviar
- pimienta negra entera Parameswaran's
- aceite de oliva virgen extra Furgentini
- sal pura blanca Halen Môn

La clave de esta receta es tener cocina de fuego, pero si no dispones de una, tenemos una solución. Coloca tu berenjena directamente sobre la llama de la cocina. Con el fuego vivo, ve dándole vueltas hasta que esté negra por todas sus caras. Después, colócala en un bol y tápala con papel film. Deja que sude y se atempere (terminará de hacerse por dentro). Si no tienes fuego, ásala al horno: entera y con piel, a 200 ºC, el tiempo necesario hasta que claves un cuchillo y esté tierna. Una vez fría o templada, podrás pelarla sin dificultad. Trocéala, sírvela y añade sal. Ahora, puedes incluir unos puntos de pesto por encima y unas huevas de salmón. Alíñalo todo con aceite de oliva virgen extra, unas gotas de vinagre balsámico y pimienta negra.

BURRATA, ALCACHOFAS Y ALBAHACA

Ingredientes:

- 1 *burrata*
- 6 minialcachofas al natural De Carlo
- albahaca
- pimienta negra entera Parameswaran's
- aceite de oliva virgen extra Furgentini
- sal pura blanca Halen Môn

Este antipasto es tan sencillo como los elementos que lo componen. Por esta razón, parte de su éxito reside en la selección de los productos. En la Puglia, el tacón de la bota de Italia, es común el cultivo y consumo de alcachofa; es también típica la producción de *burrata*, de donde además es originario este queso tan popular en el país.

Abre tu *burrata* al centro, colócala en un plato no muy grande, que la abrace. Ahora, lamina las alcachofas y colócalas por encima de manera informal. Remata con unas hojas de albahaca, un hilo generoso de aceite de oliva virgen extra, sal y pimienta negra.

COCA DE CIME DI RAPA, TOMATE AMARILLO Y VENTRESCA DE ATÚN

Ingredientes

Para el relleno:
- 400 g de tomate amarillo pelado en su jugo Finagricola
- 400 g de *cime di rapa* (grelos) De Carlo
- 40 g de aceitunas Leccina deshuesadas De Carlo
- 1 lata de ventresca de atún La Singular del Mar
- pimienta negra entera Parameswaran's
- aceite de oliva virgen extra Furgentini
- sal pura blanca Halen Môn

Para la masa:
- 450 g de harina Mulino Marino Bio tipo 00
- 200 ml de aceite de oliva virgen extra
- 100 ml de agua
- 10 g de sal pura blanca Halen Môn

La coca que quería ser *erbazzone*. Está lejos de parecerse, pero esta receta en particular gana en sabor y matices. Vamos con ella: en una olla con un hilo de aceite pon a reducir el tomate hasta que esté bastante concentrado; ahora añade las *cime di rapa* troceadas, las aceitunas y la lata de ventresca. Deja que se cocine durante 3-4 minutos y apaga el fuego. Rectifica de sal y pimienta.

Ahora que tenemos el relleno listo, sigamos con la masa: en un cuenco, mezclamos todos los ingredientes, no necesitamos amasarlo (está contraindicado), solo integrarlos bien. Una vez lista, la dejamos reposar 5 minutos. Después, la dividimos en dos partes iguales y la estiramos con un rodillo y ayuda de papel de horno por arriba y por abajo. Tendremos que dejar los rectángulos finos del tamaño de la bandeja de horno donde vayamos a cocerla.

Colocamos una de las bases en la bandeja y vertemos todo el relleno encima. Después, colocamos la otra base (con ayuda del papel de horno) y retiramos el papel; pinchamos con un tenedor y pincelamos con un huevo batido. Pon al horno a 200 ºC durante 40 minutos. Deja que se enfríe antes de hincarle el diente.

TARTAR DE TOMATE

Ingredientes:

- 600 g de tomate pelado Paolo Petrilli
- 10 g de mayonesa Armanti
- 10 g de kétchup Bloody Mary Halen Môn
- 10 g de mostaza Dijon ahumada Halen Môn
- 20 g de *relish* de pepinillo Halen Môn
- orégano Colmado Singular
- tabasco o pasta de ají (al gusto)
- *gochugaru* Colmado Singular
- sal pura blanca Halen Môn
- pimienta negra entera Parameswaran's
- cebollino o albahaca

Escurre los tomates, ábrelos, despepítalos y trocéalos en taquitos pequeños; colócalos sobre un colador y condimenta con algo de sal para acelerar el proceso de deshidratación. Déjalos como mínimo 4 horas escurriendo. Pasado ese tiempo, prepara el aliño: mayonesa + kétchup Bloody Mary + mostaza + *relish* de pepinillos + orégano + picante + *gochugaru*. Cuando lo tengas bien mezclado, añádelo al tomate e intégralo con mimo y movimientos envolventes, tratándolo con delicadeza. Déjalo 1 hora más en el colador con la mezcla; los ácidos y la sal terminarán de deshidratar al tomate. Emplata como si de un *steak tartar* se tratara y remata con cebollino o albahaca, pimienta negra y aceite de oliva virgen extra.

PANINI DE PESTO, TOMATE Y MOZZARELLA

Ingredientes

- pan de molde brioche Colmado Singular
- mozzarella
- pesto Rossi
- tomates cherry semisecos De Carlo
- mantequilla

En esta receta no hay cantidades, dependerá de tu gusto lo que quieras emplear en cada *panini*. Corta dos rebanadas gruesas del pan del molde brioche, extiende una cucharada de pesto, rellénalas con dos trozos generosos de mozzarella y coloca unos tomates cherry semisecos; tapa con la otra cubierta. Pon una sartén al fuego, lanza una nuez de mantequilla y a fuego suave ve tostándolo de un lado. Repite la operación por el lado contrario. Si quieres asegurarte de que el interior queda bien fundido, coloca una tapa en la sartén y el vapor retenido ayudará en el proceso.

BURRATA Y PAN DE MAÍZ

Ingredientes:

- 1 *burrata*
- 40 g de pan de maíz
- tomates cherry semisecos De Carlo
- aceitunas Leccina deshuesadas De Carlo
- orégano Colmado Singular
- pimienta negra entera Parameswaran's
- aceite de oliva virgen extra Furgentini
- sal pura blanca Halen Môn

Lo más laborioso que tiene esta receta es el tostado de los picatostes de maíz. Después de esto, todo será coser y cantar. Trocea el pan en tacos de bocado (no nos interesa que el picatoste sea muy pequeño). Colócalos sobre una bandeja de horno, rocíalos con un hilo de aceite, pimienta negra y sal. Llévalos al horno a 200 ºC, hasta que estén dorados y crujientes. Deja que se enfríen (puedes hacer este paso con horas de antelación). Es el momento de emplatar: reparte tus picatostes en un plato no muy grande, rompe la *burrata* por encima para que queden cubiertos casi en su totalidad. Ahora salpica la *burrata* con unos tomatitos semisecos, unas aceitunas Leccina deshuesadas y alíñala con aceite de oliva virgen extra, orégano, sal y pimienta negra.

CARPACCIO DE SALMONETE CÍTRICO

Ingredientes:

- 2 salmonetes
- 1 limón
- 10 ml vinagre de calamansí Huilerie Beaujolaise
- cebollino
- pimienta negra entera Parameswaran's
- aceite de oliva virgen extra Furgentini
- sal pura blanca Halen Môn

En Bari tienen la tradición de comer pescado crudo. En realidad, no solo pescado, también crustáceos, moluscos y equinodermos (erizos, espardeñas, etcétera). Es una delicada costumbre que nos recuerda mucho a la cocina japonesa. En este caso, el aliño se circunscribe al aceite de oliva virgen extra, la pimienta negra y el limón. La propuesta es un *carpaccio* de salmonetes con una vinagreta de calamansí. He elegido el salmonete por dos razones: su textura tersa y su sabor dulce. Limpiarlo puede resultar lo más farragoso, pero pide a tu pescadero que lo desescame y saque los lomos; tú, en casa, termina de desespinarlo y filetéalo lo más fino posible. Colócalo en un plato y sigue con la vinagreta: vinagre de calamansí + aceite de oliva virgen extra + sal + pimienta negra. Intégrala muy bien y reparte por todo el salmonete. Remata con un poco de cebollino y un extra de sal en escamas.

ALCACHOFA A LA JUDÍA

Ingredientes:

- 6 alcachofas
- sal pura blanca Halen Môn
- pimienta negra entera
  Parameswaran's
- aceite de oliva virgen extra

En la receta indico 6 unidades, pero eres libre de hacer todas las que quieras. Lo más laborioso del proceso será pelar las alcachofas. Hazlo de la siguiente manera: corta el tallo por la mitad, dejando siempre alrededor de 3 cm, y pélalo. Arranca las hojas externas hasta que la alcachofa empiece a amarillear. Cortamos la parte verde únicamente de las primeras hojas, así sucesivamente, para formar escalones hasta llegar a la punta. Retiramos la punta, untamos con zumo de limón y reservamos en un cuenco con agua. Es hora de calentar el aceite para poder confitarlas. Utilizamos fuego suave y dejamos que vayan confitándose sin llegar a freírse. Una vez que clavemos el cuchillo (y entre con facilidad), retiramos del aceite y, con ayuda de papel de cocina, aplastamos ligeramente para que la alcachofa se abra un poco más. Subimos la temperatura del aceite hasta alcanzar temperatura de fritura, sumergimos de nuevo las alcachofas y dejamos freír hasta que queden crujientes y doradas. Al retirar, las escurrimos en papel absorbente y las salpicamos de sal. Quedará un exterior muy crujiente y un corazón muy tierno y gustoso.

ALCACHOFA A LA ROMANA

Ingredientes:

- 6 alcachofas
- 2 dientes de ajo
- sal pura blanca Halen Môn
- aceite de oliva virgen extra
- orégano Colmado Singular

Estas alcachofas son guisadas, finísimas y la emulsión resultante del guiso será la clave de una receta ganadora. Comencemos. Limpia las 6 alcachofas de la siguiente manera: corta el tallo por la mitad, dejando siempre alrededor de 3 cm, y pélalo. Arranca las hojas externas hasta que la alcachofa amarillee por completo. Corta la punta, unta con medio limón y reserva en un cuenco con agua. Mientras, en una olla no muy grande, doramos dos dientes de ajo con un hilo generoso de aceite de oliva virgen extra. Justo antes de añadir las alcachofas, lanzamos una cucharada de orégano; los italianos lo harían con *mentuccia* (menta). Seguidamente, añadimos las alcachofas enteras boca abajo y cubrimos con agua hasta la parte del rabito. Tapamos la olla y dejamos guisar 20-25 minutos, hasta que la alcachofa esté tierna. Una vez que claves el cuchillo y estén tiernas, retíralas de la olla y deja que el caldo reduzca hasta que quede una emulsión de los jugos de la alcachofa y el aceite inicial. Sírvelas y vierte sobre ellas una cucharada generosa de la reducción, un toque de pimienta negra y a devorarlas.

TOSTA DE PAN CARASATU CON QUESO FUNDIDO

Ingredientes:

- 200 g de queso *Pan di Cacio Taddei*
- tomates cherry semisecos De Carlo
- aceitunas Leccina deshuesadas De Carlo
- alcachofas en gajos natural De Carlo
- pimienta negra entera Parameswaran's

Lo primero que tienes que conseguir es un recipiente que puedas meter al horno. Después es tan sencillo como trocear el queso (te propongo Pan di Cacio, pero también puedes usar cualquier otro que funda bien y no sea excesivamente graso), meterlo en el recipiente con un puñado de tomates cherry semisecos, unos trozos de alcachofa y unas aceitunas Leccina deshuesadas. Pon el horno a 200 ºC, hasta que el queso esté fundido. Por otro lado, el pan *carasatu* es perfecto cuando lo regeneras ligeramente en un horno o una sartén, termina de deshidratarse y queda aún más crujiente y sabroso. Cuando tengas el queso fundido, dale un golpe de pimienta negra, mezcla con todos los ingredientes y prepara el pan para empezar y no parar.

PANINI DE QUESO Y TRUFA

Ingredientes:

- queso *Pan di Cacio* Taddei
- salsa *tartufaio*
- pan de molde brioche
  Colmado Singular
- mantequilla

Tan sencillo y apetitoso que no indico cantidades. Hazte los que quieras y con las cantidades que prefieras. El proceso es el siguiente: pon a calentar una sartén, funde una avellana de mantequilla y coloca luego tu sándwich relleno de queso y salsa de trufa. Baja la temperatura y deja que se tueste lentamente, que el calor penetre hasta el centro del invento; de esta forma, el queso fundirá y se integrará con la trufa. Dale la vuelta y repite la operación con la mantequilla incluida. Haz un corte en diagonal (si te da tiempo antes de hincarle el diente) y mira como gotea el queso. Disfrútalo.

TARTA TATIN DE TOMATE

Ingredientes:

- 500 g de tomate pelado Paolo Petrilli
- 50 g de azúcar
- 10 ml de aliño puro blanco (o vinagre de Módena)
- 1 lámina de hojaldre
- orégano Colmado Singular
- sal pura blanca Halen Môn

Más que un postre es un aperitivo. Esta técnica, con estos ingredientes, es una combinación ganadora. Elige un recipiente redondo y que puedas meter en el horno. Ponlo a fuego medio y añade el azúcar y el vinagre hasta que se forme un caramelo dorado y añade entonces los tomates enteros y el orégano. Deja que pierdan gran parte de su agua. Es importante no remover y no romper los tomates. En el momento en que deje de haber agua en la base de la sartén y el caramelo aflore de nuevo, retiramos del fuego y dejamos que pierda algo de calor. Ahora cubrimos con la lámina de hojaldre, metemos los bordes por dentro de la sartén y pinchamos con un tenedor. Llévalo al horno por 20 minutos a 200 °C. Es hora de desmoldar, con cuidado de no quemarnos. Con ayuda de un plato que cubra toda la superficie de la sartén, le damos la vuelta de manera que en el plato quede el hojaldre debajo y los tomates por encima. Visualmente es espectacular, pero el sabor lo supera. Ponlo cerca de una bandeja de quesos y a comer.

PASTRAMI, RÚCULA Y TRUFA

Ingredientes:

- 150 g de pastrami
- 30 g de rúcula
- parmesano Malandrone 1477
- aceite de trufa de verano Savini Tartufi
- sal pura blanca Halen Môn
- pimienta negra entera Parameswaran's
- aceite de oliva virgen extra

Fácil y más rápido que escribir esta receta. Extiende en la base de un plato llano el mejor pastrami que tengas a tu alcance. En este caso también podrías utilizar *carpaccio* de ternera o vaca y hacerlo en crudo. O incluso hacer tu propio pastrami, pero eso es otro cantar y otro libro.

Ahora, en un cuenco, aliña la rúcula con aceite de trufa, aceite de oliva virgen extra y sal. Colócala en el centro del plato dándole volumen y remata rallando un poco de parmesano. No termines el plato sin antes coronar con un poco más de aceite y pimienta negra.

PULPO EN TEMPURA CON «PESTO» ROJO

Ingredientes:

- 1 pata de pulpo cocido
- 1 huevo
- *panko* (pan rallado japonés)
- 20 g de crema de tomates secos Neféli
- 15 g de mayonesa Armanti
- 10 g de alioli
- jengibre en polvo Colmado Singular
- chile chipotle Colmado Singular
- albahaca (opcional)
- sal pura blanca Halen Môn
- pimienta negra entera Parameswaran's
- aceite de oliva virgen extra

Vamos a freír el pulpo. Lo primero que haremos es batir el huevo y pasar la pata de pulpo por él, después, lo haremos por el *panko* (este pan rallado japonés conseguirá que el resultado sea un rebozado muy crujiente y astillado) y finalmente lo llevaremos a freír en aceite caliente el tiempo necesario hasta que esté dorado. Retiramos y escurrimos en un papel absorbente. A continuación, espolvorearemos sobre él, y con ayuda de un colador, un poco de jengibre en polvo y chile chipotle.

Por otro lado, para el «pesto» ligero, lo único que tendremos que hacer es integrar en un cuenco la mayonesa, el alioli y la crema de tomates secos. Trocearemos el pulpo y salpicaremos por encima con el «pesto rojo». Terminaremos con un toque de sal y pimienta negra. Solo de manera opcional, podemos freír un poco de albahaca y romper las hojas por encima justo al final.

ENSALADA CAPRESE DE PESTO

Ingredientes:

- 1 tomate fresco
- 1 *mozzarella*
- *pesto rossi*
- sal pura blanca Halen Môn
- pimienta negra entera Parameswaran's
- aceite de oliva virgen extra

Estamos acostumbrados a ver esta ensalada con hojas de albahaca fresca, pero también es común encontrarla con pesto e incluso con un poco de vinagre de Módena. En lo personal, la encuentro más sabrosa y divertida con pesto. La receta es muy sencilla: tienes que cortar el tomate en rodajas, de ser posible un tomate de verano, grande, carnoso y sabroso; haz lo mismo con la mozzarella y disponte a montarlo en un plato de forma intercalada y formando un rosco. A continuación, pon una cucharadita de pesto encima de cada trozo de mozzarella. Termina el plato aliñándolo con aceite de oliva virgen extra, sal y pimienta negra.

BURRATA, PESTO Y ACEITUNAS LECCINA

Ingredientes:

- 1 *burrata*
- aceitunas Leccina deshuesadas De Carlo
- rúcula
- *pesto rossi*
- sal pura blanca Halen Môn
- pimienta negra entera Parameswaran's
- aceite de oliva virgen extra Furgentini

Algo que me encanta de las ensaladas en Italia es la simplicidad de sus componentes, la facilidad con la que se resuelven y su potente sabor. En este caso, será tan sencillo como colocar un nido de hojas de rúcula en la base, romper la *burrata* por encima, dejar caer unas aceitunas Leccina deshuesadas y verter una cucharada de pesto. Termínala con el aliño habitual de aceite, sal y pimienta negra.

PAN DE QUESO Y PEPERONCINO

Ingredientes:

Para la masa:
- 90 g de harina Mulino Marino Bio tipo 00
- 55 ml de leche
- 10 ml de aceite
- Pizca de sal pura blanca Halen Môn

Para el relleno:
- 150 g de queso *Pan di Cacio*
- 1 cebolleta fresca
- *Peperoncino*
- orégano Colmado Singular (opcional)
- pimienta negra entera Parameswaran's

Esta receta no es estrictamente italiana. Puede recordarnos, vagamente, a un *focaccia* de Recco, pero, para serte sincera, no he encontrado el origen de su técnica en ninguna de mis visitas. Sin embargo, sus ingredientes sí son italianos. Para esta receta he utilizado el queso Pan di Cacio —un queso de vaca tierno, muy aromático y con un fundido muy sugerente—, el *peperoncino*, que le da un toque picante y compensa la grasa del queso. Y, aunque en este caso no lo lleva, sería muy interesante combinarlo también con orégano o romero picado.

Amasamos todos los ingredientes de la masa hasta conseguir una bola uniforme y lisa. Dejamos reposar en la nevera durante 1 hora. Mientras, rallamos el queso y cortamos en tiras finas la cebolleta fresca. Pasada 1 hora, y con ayuda de un rodillo, estiramos la masa hasta formar un disco de medio centímetro de grosor aproximadamente. Disponemos por encima el queso rallado, la cebolleta fresca, el *peperoncino* al gusto y la pimienta negra. En el caso de haber decidido usar orégano, es el momento de añadirlo también. Cerramos el disco llevando todos los bordes al centro y formando de nuevo una bola. Volvemos a estirar hasta conseguir un dedo de grosor (con mucho cuidado y un rodillo). Calentamos una sartén con unas gotas de aceite y hacemos por las dos caras hasta que esté muy dorado y crujiente. Córtalo en trozos y abre una cerveza.

PARMIGIANA

Ingredientes:

Para la *parmigiana*:
- 2 berenjenas
- 2 mozzarellas
- 70 g de parmesano Malandrone 1477
- 250 g de salsa de tomate frito casera
- albahaca
- sal pura blanca Halen Môn
- pimienta negra entera Parameswaran's
- aceite de oliva virgen extra Furgentini

Para la salsa de tomate:
- 1 kg de tomate Paolo Petrilli
- 1 cebolla
- 2 dientes de ajo
- 30 g de parmesano Malandrone 1477
- 7 hojas de albahaca
- sal pura blanca Halen Môn
- pimienta negra entera Parameswaran's
- aceite de oliva virgen extra

Vamos a resolver rápidamente la salsa de tomate (aunque comprarla también es una opción, no dejes de probar esta). En una sartén, sofríe los dientes de ajo y la cebolla hasta que esté bien pochada. Retira los ajos y añade ahora el tomate. Sofríelo hasta que esté muy reducido y no quede apenas agua en la base. Salpimienta al gusto y retira del fuego. Viértelo en un vaso de batidora y añade el queso rallado, las hojas de albahaca y un chorrito de aceite de oliva virgen extra; tritúralo muy bien y pasa por un colador. Tendrás una de las mejores salsas de tomate para recetas italianas que jamás hayas probado.

Para esta *parmigiana* tendrás que pelar las berenjenas y cortarlas en rodajas no muy finas. A continuación, espolvorea un poco de sal y colócalas en un colador durante 1 hora; deja que pierdan parte de su agua. Después, pásalas por harina y fríelas en abundante aceite hasta que estén tiernas. Reserva.

Vamos a montar la *parmigiana*: en una bandeja de horno extiende una cucharada de tomate, coloca una capa de berenjenas, unos trozos de mozzarella, parmesano rallado, unas hojas de albahaca troceada y un poco de pimienta negra. Repite la operación por capas hasta terminar la berenjena. En la última capa deberías dejar la mozzarella y el parmesano a la vista. Coloca en el horno a 190 ºC durante 20 minutos... ¡y listo!

TARTAR DE GAMBAS CON BURRATA

Ingredientes:

- 100 g de gamba roja, blanca
  o quisquilla
- 1 *burrata*
- botarga rallada Stefos
- sal pura blanca Halen Môn
- pimienta negra entera
  Parameswaran's
- aceite de oliva virgen extra
  Furgentini

Podríamos dedicar un libro exclusivamente a las *burratas* aliñadas y seguramente nos dejaríamos fuera recetas, pero prometo que con esta termino. Posiblemente es mi favorita; la probé en Roma y se quedó en mi retina y en mi estómago. Se trata de algo tan sencillo como pelar unas gambas frescas (siempre frescas), picarlas tipo tartar y aliñarlas con aceite de oliva, pimienta negra y sal. Podríais añadir, como opcional, un poco de ralladura de lima.

Abre una *burrata* en un plato y coloca el tartar por encima. Ahora, tienes que conseguir una hueva de pescado que te guste. Yo uso la hueva rallada de mújol de Stefos, es más delicada y dulce de lo habitual, pero con un fuerte sabor a pescado. Será el golpe de potencia que necesita el plato para despertar. Termina con un chorrito de aceite, un poco de sal y toque de pimienta negra. Disfruta de los contrastes dulces de las gambas, los salados de la hueva y los lácteos de la *burrata*.

CARPACCIO DE VACA Y CALAMANSÍ

Ingredientes:

- 150 g de solomillo de vaca
- 10 ml de vinagre de calamansí Huilerie Beaujolaise
- 20 ml de aceite de oliva virgen extra Furgentini
- 5 g de mostaza ahumada Halen Môn
- rúcula
- 2 champiñones portobello
- 1 limón
- 15 alcaparras Capperi di Salina
- parmesano Malandrone 1477
- sal pura blanca Halen Môn
- pimienta negra entera Parameswaran's

Animaos a comprar la carne para hacer vuestro propio *carpaccio*; no tendrá comparación con nada que hayáis probado antes. He elegido solomillo porque es tierno y sin nervios. Si conseguís, además, que tenga algo de maduración, mucho mejor, tendrá más sabor y menos líquido.

Corta el solomillo lo más fino que puedas, y con ayuda del culo de un vaso, cháfalo hasta conseguir el grosor deseado. Llévalo a un plato. Ya tenemos lo más difícil.

Ahora pon a hervir las alcaparras para retirar el exceso de sal y enfríalas. Repártelas por encima del solomillo. Haz lascas de un trozo de queso parmesano y colócalo por encima también. Pon unas hojas de rúcula y ralla los champiñones. El champiñón crudo es delicadísimo y aportará sabor a tierra húmeda. Ralla también un poco de piel de limón y listo. Vamos ahora con el aliño. Emulsiona en un cuenco el vinagre de calamansí, el aceite de oliva virgen extra, la mostaza ahumada, la sal y la pimienta. Cuando consigas que sea una vinagreta homogénea, viértela por encima. Unas láminas de pan *carasatu* serán ideales para acompañarlo.

CAPONATA SICILIANA

Ingredientes:

- 1 berenjena
- 1 cebolla
- 1 pimiento verde pequeño
- 1 rama de apio
- 25 g de alcaparras Capperi di Salina
- 30 g de aceitunas Leccina De Carlo
- 400 g de tomate rojo pelado Finagricola
- 40 ml de aliño puro blanco (vinagre de Módena)
- 20 g de azúcar
- 1 cucharadita de albahaca semifresca Elody
- sal pura blanca Halen Môn
- pimienta negra entera Parameswaran's

La *caponata* siciliana es lo más parecido a nuestro pisto. La diferencia más llamativa es el contraste tan marcado del vinagre y los encurtidos con el dulzor que le aporta el azúcar. Empezamos troceando la berenjena en dados grandes y friéndola en abundante aceite. Cuando esté tierna y algo dorada, la retiramos del aceite y dejamos en papel absorbente para eliminar el exceso de aceite. En esa misma olla, retirando previamente gran parte del aceite, vamos a sofreír el apio, la cebolla y el pimiento —también cortado en trozos generosos—. Cuando tengamos la base del sofrito lista, añadimos las alcaparras previamente desaladas debajo del grifo y las aceitunas. En cuestión de pocos minutos, lanzamos el de tomate y dejamos que se fría todo junto. Una vez que el tomate esté en su punto, añadimos la berenjena, el vinagre y el azúcar. Dejamos cocinar 3 minutos más y apagamos el fuego. Es el momento de añadir la pimienta y la albahaca. Te darás cuenta, cuando lo pruebes, de que tienes la necesidad inevitable de freírte un par de huevos y comprar pan.

PASTA

CARBONARA

Ingredientes:

- 400 g de *spaguetti* Benedetto Cavalieri
- 200 g de *guanciale* Colmado Singular
- 120 g de parmesano Malandrone 1477
- 8 yemas de huevo
- pimienta negra Parameswaran's
- sal pura blanca Halen Môn

Pon a hervir agua con 10 g de sal por cada litro. Añade la pasta cuando el agua rompa a hervir. Trocea el *guanciale* en taquitos, ponlo directamente sobre una sartén y deja que se fría en su propia grasa hasta que quede crujiente. Retíralo y reserva la grasa excedente.

Por otro lado, pulveriza el queso parmesano y mézclalo con las yemas de huevo y mucha pimienta. Ahora llegó el momento de aprovechar el exceso de grasa del *guanciale*: deslízala suavemente sobre la mezcla e integra poco a poco hasta conseguir una crema homogénea y sedosa.

En la misma sartén donde has sofrito el *guanciale*, añade medio cazo de agua de cocción e inmediatamente la pasta hervida; con agua todavía en la base de la sartén, apaga el fuego e integra la crema de carbonara, remueve con intensidad y añade algo más de agua si fuera necesario, hasta conseguir una crema muy envolvente. Sirve y reparte los trocitos de *guanciale* por encima de cada plato.

PASTA SINGULAR

Ingredientes:

- 400 g de *ruote*
  Benedetto Cavalieri
- 800 g de tomate amarillo
  Finagricola
- 180 g de pesto Rossi
- 70 g de aceitunas Leccina
  De Carlo
- 200 g de *cime di rapa*
  De Carlo
- 100 g de alcaparras
  Capperi di Salina
- orégano Colmado Singular
- parmesano Malandrone
  1477

Pon a hervir agua con las alcaparras incluidas desde el principio. Con esto conseguirás salar el agua y las alcaparras estarán en su punto para la salsa. Añade la pasta cuando el agua rompa a hervir. En otra olla, coloca el tomate con un hilo de aceite y deja que vaya reduciéndose lentamente hasta que todos los azúcares naturales estén concentrados. Es el momento de añadir las *cime di rapa* escurridas y troceadas, si fuera necesario, junto con las aceitunas Leccina. Rápidamente, apaga el fuego. Cuando la pasta esté lista, incorpórala a la salsa junto con las alcaparras. Añade ahora el pesto y la cantidad de queso parmesano que te apetezca. Condimenta con pimienta negra al gusto y una pizca de orégano.

CASARECCI CON CALABAZA ASADA Y SALCHICHAS

Ingredientes:

- 400 g de *casarecci* Benedetto Cavalieri
- 200 g de calabaza
- 100 ml de vino blanco
- 40 g de parmesano Malandrone 1477
- 4 salchichas frescas
- nuez moscada Colmado Singular
- orégano Colmado Singular
- sal pura blanca Halen Môn
- pimienta negra entera Parameswaran's
- aceite de oliva virgen extra Furgentini

Primero preparamos la olla de la cocción de la pasta. Cuando el agua rompa a hervir, añadiremos la pasta y dejaremos que se haga hasta conseguir el *dente* deseado. Mientras, en una sartén, saltearemos la calabaza pelada y cortada en taquitos hasta que esté muy doradita (también podrías asarla al horno). Una vez lista, retiramos y volcamos en un vaso de batidora junto con el parmesano y la pimienta negra. Trituramos muy bien y reservamos. En la misma sartén, sofreímos las salchichas desmenuzadas con un toque de nuez moscada. Cuando cojan color, añadimos el vino blanco y dejamos que evapore. Rescatamos la pasta del agua de cocción y la trasladamos directamente a la sartén junto con la salchicha. Integramos ligeramente, apagamos el fuego y añadimos la crema de calabaza. *Manteca* todo el conjunto añadiendo un poco de agua de cocción si fuera necesario. Sírvelo en platos y termínalo con un toque de orégano, pimienta negra y aceite de oliva virgen extra.

GNOCCHI SARDI CON CIME DI RAPA Y QUESO TALEGGIO

Ingredientes:

- 400 g de *gnocchi sardi* Benedetto Cavalieri
- 50 g de queso Taleggio Taddei
- 200 g de *cime di rapa* De Carlo
- 4 yemas de huevo
- sal pura blanca Halen Môn
- pimienta negra entera Parameswaran's
- aceite de oliva virgen extra Furgentini

Cocemos la pasta con la técnica que venimos utilizando: mucha agua, un puñadito de sal cuando el agua rompa a hervir, a la que luego se añade la pasta. No es necesario que el hervor sea muy fuerte. De hecho, si cocemos la pasta a fuego más suave, esta permanecerá más íntegra y el resultado será una textura más mantequillosa. Por otro lado, en una sartén amplia, salteamos las *cime di rapa* troceadas. Podemos añadir un par de dientes de ajo picados, pero es opcional. Cuando la pasta esté lista, la escurrimos y vertemos en la sartén junto con las *cime di rapa*. Integramos, apagamos el fuego y añadimos las yemas de huevo con el queso a trocitos. *Mantecamos* hasta conseguir esa crema envolvente alrededor de la pasta. Si fuera necesario, nos ayudamos con un poco de agua de cocción (sin excedernos). Servimos y terminamos cada plato con aceite de oliva virgen extra y pimienta negra.

MACCHERONI CON ANCHOAS Y ACEITUNA KALAMATA

Ingredientes:

- 400 g de *maccheroni* Benedetto Cavalieri
- 150 g de aceitunas kalamata deshuesadas Neféli
- 800 g tomate rojo pelado Finagricola
- 8 filetes de anchoa La Singular del Mar
- 3 dientes de ajo
- sal pura blanca Halen Môn
- pimienta negra entera Parameswaran's
- aceite de oliva virgen extra Furgentini

Hierve la pasta en abundante agua con sal. Por otro lado, en una sartén grande, sofríe los ajitos junto con las anchoas. Estas se desharán al entrar en contacto con el calor y formarán una pasta muy potente de sabor y tremendamente *umami*. Antes de que el ajo se dore demasiado, añade el tomate, deja que reduzca ligeramente. No es necesario que esté excesivamente sofrito. Cuando lo tengas en el punto que más te guste a ti (eso siempre), añade las aceitunas. Es hora de volcar la pasta hervida y escurrida sobre la salsa, integrar muy bien y rallar bastante pimienta negra sobre ella. A la hora de servir, podrás rociar un hilo de aceite de oliva virgen extra.

LINGUINE ALLE VONGOLE

Ingredientes:

- 400 g de *linguine* Benedetto Cavalieri
- 500 g de almejas frescas
- 6 dientes de ajo
- *peperoncino* o *gochugaru* Colmado Singular
- perejil
- sal pura blanca Halen Môn
- pimienta negra entera Parameswaran's
- aceite de oliva virgen extra Furgentini

Esta es una de las princesas de la pasta italiana, muy popular en todo el país. Si bien comenzó siendo una receta muy local de la zona de Nápoles, a día de doy es fácil encontrarla en cualquier región de Italia.

Preparamos la olla de cocción para la pasta. Mientras, nos podremos manos a la obra con la salsa. En este caso, vamos a utilizar todas las partes del perejil: usamos el tallo para la cocción inicial de las almejas y la hoja para rematar la pasta al final. En una sartén grande o wok, con un buen chorro de aceite, lanzamos dos dientes ajo enteros y los tallos del perejil. Cuando los ajos estén dorados, añadimos las almejas previamente lavadas y seleccionadas (elimina aquellas que estén rotas). Tapamos la sartén y dejamos que se cuezan hasta que estén abiertas. Retiramos las almejas y reservamos el caldo restante en un cuenco aparte. Es hora de pelar la mitad de las almejas y dejar el resto con las conchas. Volvemos a poner un chorro de aceite en la sartén y doramos 4 dientes de ajo picados y el chile al gusto. Escurrimos la pasta y la llevamos a la sartén. Mezclamos con los ajos, el chile y el aceite. Vuelca ahora el jugo de las almejas que habías reservado y *manteca* todo hasta que esté integrado. Añade ahora las almejas y las hojas de perejil fresco picado. Sirve y termina de presentar cada plato con pimienta negra y un hilo de aceite de oliva virgen extra.

MACCHERONI ALLA ZOZZONA

Ingredientes:

- 400 g de *maccheroni* Benedetto Cavalieri
- 800 g tomate rojo pelado Finagricola
- 50 g de queso parmesano Malandrone 1477
- 2 yemas de huevo
- 4 salchichas frescas
- *peperoncino* o *gochugaru* Colmado Singular
- 1 cebolla mediana
- 3 dientes de ajo
- sal pura blanca Halen Môn
- pimienta negra entera Parameswaran's
- aceite de oliva virgen extra Furgentini

Esta receta es la comunión de dos clásicos de la pasta italiana: la carbonara y la amatriciana. El término *zozzona* está vinculado al vocablo *sucio* o *brut* (en catalán). Si bien es cierto que a primera vista la palabra puede resultar malsonante, en verdad lo que significa es que se trata de una receta mixta, algo inconexa o sin mucho sentido, pero deliciosa.

Se empieza dorando los ajos picados y la cebolla. Cuando los tenemos a punto, añadimos las salchichas o butifarra desmenuzadas. Dejamos que se doren y queden crujientitas. Añadimos ahora el tomate y freímos. En este momento podemos añadir un punto de picante con el peperoncino y/o el *gochugaru*. Mientras se termina de hacer, en un cuenco, mezclamos las yemas de huevo con el queso parmesano rallado y mucha pimienta negra. Ahora, y aunque no lo hemos indicado al principio, la pasta debería estar hecha y *al dente*. La volcamos escurrida directamente sobre la salsa de tomate, integramos y apagamos el fuego. Es hora de añadir el queso y las yemas de huevo previamente preparadas y mezclar muy bien, hasta que las salsas queden tan hermanadas que parezcan una. Bienvenidos a la cosa más «sucia» y deliciosa de este libro.

KALAMARATA CON VERDURAS DE TEMPORADA

Ingredientes:

- 400 g de *kalamarata* Benedetto Cavalieri
- 2 burratas
- 1 calabacín
- 2 cebolletas frescas
- 4 dientes de ajo
- 60 g queso parmesano Malandrone 1477
- 60 g aceitunas Leccina deshuesadas De Carlo
- 60 g tomates cherry semisecos De Carlo
- albahaca
- sal pura blanca Halen Môn
- pimienta negra entera Parameswaran's
- aceite de oliva virgen extra Furgentini

Esta es una receta que cambia según la época del año en que la hagas, depende de las verduras de temporada con las que cuentes. En cada momento del año será distinta. Todavía hoy no tengo claro si se trata de un plato de pasta o de una ensalada de pasta templada. Pruébalo y decide tú.

Preparamos el agua de cocción para la pasta. Mientras tanto, en una sartén, dora los ajos picados junto con la cebolla cortada en aros muy finos. Corta el calabacín en rodajas finas y añádelo cuando la cebolla haya sudado un poco. No es necesario pochar demasiado las verduras, es más, mejorará si las dejas un poco *al dente*. Salpiméntalas bien y añade las aceitunas y los tomates en el último momento. Añade la pasta, el queso parmesano rallado y saltéalo todo junto. Parecerá que la primavera ha llegado a tu cocina.

Coloca las burratas en la base un plato grande, alíñalas con aceite de oliva virgen extra, sal, pimienta y unas hojas de albahaca, y con la pasta aún caliente, viértela por encima. Dale un toque de pimienta y queso parmesano extra.

ORECCHIETTE, PARMESANO Y CIME DI RAPA

Ingredientes:

- 400 g de *orecchiette*
  Benedetto Cavalieri
- 80 g de queso parmesano
  Malandrone 1477
- 200 g de *cime di rapa*
  De Carlo
- sal pura blanca Halen Môn
- pimienta negra entera
  Parameswaran's
- aceite de oliva virgen extra
  Furgentini

Esta es una receta muy popular en el sur de Italia y que utiliza muy pocos ingredientes. Las *cime di rapa* están cargadas de sabor y resultan deliciosas con una buena pasta hervida.

Prepara el agua de cocción como hemos ido indicando y cuece las *orecchiette*. La forma de esta pasta es ideal para que todo lo que le pongas quede atrapado en ella. Además, su superficie es rugosa, y eso ayuda muchísimo a que las salsas se adhieran con facilidad. Mientras la pasta se cuece, saltea en una sartén las *cime di rapa* troceadas. Cuando la pasta esté lista, escúrrela y añádela a las *cime di rapa*. Espolvorea el queso rallado y con ayuda de agua de cocción y el fuego apagado, *mantécalo* y mézclalo muy bien. Ralla mucha pimienta negra y sírvelo con un hilo de aceite de oliva virgen extra. Esta es una de esas recetas que reflejan la delicada simplicidad de la cocina italiana.

SPAGHETTI CON TOMATE AMARILLO, PANCETA Y PESTO

Ingredientes:

- 400 g de *spaghetti* Benedetto Cavalieri
- 8 lonchas de beicon ahumado
- 800 g de tomate amarillo pelado en su jugo Finagricola
- 100 g de pesto Rossi
- 4 dientes de ajo
- queso parmesano Malandrone 1477
- sal pura blanca Halen Môn
- pimienta negra entera Parameswaran's
- aceite de oliva virgen extra Furgentini

Mientras los *spaghetti* se cuecen en el agua con sal, arrancamos con la salsa. Es una salsa potente y sabrosa. Si te gustan los contrastes de tomate dulce y elementos salinos, no dudes en probarla. En una sartén grande, pon a dorar los trozos de beicon cortados. Hazlo hasta que queden muy crujientes. Retíralos y deja la grasa excedente en la sartén. Ahora añade los dientes de ajo picados. Cuando estén dorados (no demasiado), añade el tomate amarillo y reduce hasta el punto que más te guste. A mí me encanta cuando la parte líquida de la lata se reduce, pero el tomatito sigue más o menos íntegro. Cuando la pasta esté lista, la añadimos al tomate e integramos. Retiramos del fuego y añadimos el pesto. Volvemos a mezclar y servimos. Una vez en el plato, esparcimos el beicon frito y mucha pimienta negra recién molida.

GNOCCHI CON TOMATE FRITO CASERO

Ingredientes:

Para los *gnocchi*:
- 500 g de patata
- 200 g de harina Mulino Marino Bio tipo 00
- Pimienta negra entera Parameswaran's
- Sal pura blanca Halen Môn

Para la salsa: (véase página 57, receta de la parmigiana)
- 1 kg de tomate Paolo Petrilli
- 1 cebolla
- 2 dientes de ajo
- 30 g de queso parmesano Malandrone 1477
- 7 hojas de albahaca
- sal pura blanca Halen Môn
- pimienta negra entera Parameswaran's
- aceite de oliva virgen extra Furgentini

Para esta receta será importante que consigas unas patatas buenas para cocer, tipo Monalisa. Lávalas y ponlas a hervir con piel. Cuécelas hasta que al clavar un cuchillo salga con facilidad. Una vez fuera, pélalas y, aún templadas, cháfalas con un tenedor o mejor aún, pásalas por un pasapurés. Es hora de salpimentarlas bien, añadir la harina e integrar. No es necesario amasar, de hecho, es hasta contraproducente. Con que la masa esté uniforme es suficiente. Divídela en 6 porciones y estírala hasta que formes unos canutillos del grosor de un dedo gordo. Córtalos del tamaño que te gusten los *gnocchi* y enharínalos para que no se peguen. Hiérvelos en abundante agua. Sabrás que están listos cuando floten. Pásalos directamente del agua de cocción a la salsa de tomate. Colócalos en una bandeja y espolvorea queso parmesano rallado.

TUBETTINI RIGATI CON GARBANZOS Y TOMATE SECO

Ingredientes:

- 400 g de *tubettini rigati* Benedetto Cavalieri
- 250 g de garbanzos mini La soltera
- 150 g de crema de tomates secos Neféli
- 1 l de caldo de pollo Colmado Singular
- tikka masala Colmado Singular
- sal pura blanca Halen Môn
- pimienta negra entera Parameswaran's
- aceite de oliva virgen extra Furgentini

Una de las principales ventajas de esta receta es que es muy rápida de ejecutar. Parte de ese éxito se lo debemos a la crema de tomates secos, una salsa que tiene todo el sabor que necesitamos para llevar a cabo este plato con un resultado infalible.

Vamos a cambiar la técnica de cocción de la pasta. La haremos «arrisotada» de la siguiente manera: en una olla con capacidad, vertemos la salsa de tomates secos a modo de sofrito; a continuación, añadimos una cucharadita de tikka masala (o cualquier mezcla de especias que te guste); después, ponemos la pasta y le damos unas vueltas; acto seguido, cubrimos con el caldo y dejamos un cazo cerca con más caldo caliente por si fuera necesario añadirlo. Tenemos que cocer la pasta en la salsa y el caldo al mismo tiempo, de la misma forma que si estuviéramos haciendo un arroz. Cuando falten 3 minutos para terminar, añade los garbanzos y deja que todo se haga junto. Este plato puede comerse seco o caldoso. Puedes graduarlo añadiendo o evaporando el caldo. Al servir, añade un poco de aceite de oliva virgen extra y un toque de pimienta negra.

BUCATINI ALLA AMATRICIANA

Ingredientes:

- 400 g *bucatini* Benedetto Cavalieri
- 800 g de tomate rojo pelado en su jugo Finagricola
- 200 g de guanciale Colmado Singular
- *peperoncino* o *gochugaru* Colmado Singular
- 2 dientes de ajo
- queso parmesano Malandrone 1477
- sal pura blanca Halen Môn
- pimienta negra entera Parameswaran's
- aceite de oliva virgen extra Furgentini

Esta receta es otra de las reinas de la cocina italiana. Si bien es originaria de Amatrice, también ha conseguido traspasar fronteras y es raro no encontrarla en cualquier restaurante de la ciudad de Roma. Con la carbonara comparte el uso de *guanciale*, pero el tomate, el picante y la forma de la pasta le dan una personalidad que la diferencia. El *bucatini* es una pasta similar al *spaghettoni*, pero en este caso un agujero atraviesa todo el cilindro. Esta particularidad facilita la cocción y cambia su mordida.

Empezamos hirviendo la pasta en abundante agua con sal. Mientras, pelamos y troceamos el *guanciale*. Vamos a freírlo en una sartén o wok grande. No hace falta añadir aceite, el *guanciale* irá soltando su grasa y se hará ahí mismo. Una vez dorados los trozos, retíralos y reserva la grasa sobrante. En esa misma grasa, fríe los ajos laminados y cuando estén dorados, añade el tomate y reduce hasta que esté frito. Si te gusta el picante, es el momento de añadírselo. Escurre la pasta y añádela a la salsa de tomate; espolvorea bastante queso parmesano e intégralo todo. Sírvelo en platos individuales y coloca por encima el *guanciale* crujiente. Agrega un toque de pimienta y a comer.

LINGUINE CON PIMIENTA Y ACEITE DE OLIVA VIRGEN EXTRA

Ingredientes:

- 400 g *linguine* Benedetto Cavalieri
- sal pura blanca Halen Môn
- pimienta negra entera Parameswaran's
- aceite de oliva virgen extra Furgentini

Esta receta tiene una lista de ingredientes tan escueta que la calidad de la pasta será imprescindible si queremos que funcione. Tenemos que conseguir ligar el aceite de oliva con el agua de cocción y para eso será importantísimo que la pasta nos ayude. La de Benedetto Cavalieri, una vez hervida, forma una película mantecosa que nos ayudará en el proceso.

Pon a hervir el agua para la pasta. En una sartén, en una base de aceite de oliva, tuesta mucha pimienta negra molida y, sin que llegue a quemarse, añade un cucharón de agua de cocción y deja que se evapore una parte. Acto seguido, añade la pasta y mueve la mezcla enérgicamente; puedes ir añadiendo agua de cocción a medida que la que tengas en la sartén se integre. Podrás ver cómo se forma esa crema delicada y deliciosa alrededor de la pasta. Sírvela en platos y disfruta del perfumado sabor de la pimienta de Parameswaran's con el trigo.

CARBONARA DE ANGUILA AHUMADA

Ingredientes:

- 400 g *spaguettoni* Benedetto Cavalieri
- 200 g anguila ahumada fileteada Royal Danish Fish
- 8 yemas de huevo
- 120 g de queso parmesano Malandrone 1477
- sal pura blanca Halen Môn
- pimienta negra entera Parameswaran's
- aceite de oliva virgen extra Furgentini

La elaboración de esta receta es muy similar a la carbonara tradicional, pero en este caso vamos a sustituir el *guanciale* por la anguila ahumada. El sabor es igual de envolvente y sabroso en ambas versiones.

La forma de hervir la pasta es la que viene indicada en las primeras páginas de este libro. Troceamos la anguila ahumada y la reservamos. En una sartén grande, molemos mucha pimienta y la tostamos con un poco de aceite de oliva. Mientras, en un cuenco, mezclamos muy bien las yemas de huevo y el queso parmesano rallado (esta será la base de nuestra carbonara).

Cuando la pasta esté en su punto, verteremos un cazo de agua de cocción en la sartén donde estamos dorando la pimienta. Dejaremos que se evapore una parte. Es hora de trasladar la pasta cocida. Integramos con la pimienta y añadimos la crema de huevo y queso. Apagamos el fuego y, si fuera necesario, añadimos un poco más de agua de cocción hasta conseguir la cremosidad deseada. En esa *mantecatura*, añadimos la anguila ahumada. Reservamos unos trozos para el emplatado final. Sirve individualmente y remata con unos trocitos extra de anguila, un toque de pimienta y unas gotas de aceite de oliva virgen extra.

KALAMARATA CON PESTO Y BURRATA

Ingredientes:

- 400 g *kalamarata*
  Benedetto Cavalieri
- 2 *burratas*
- 180 g de pesto Rossi
- sal pura blanca Halen Môn
- pimienta negra entera
  Parameswaran's

Esta combinación es de las rápidas. Es cierto que en Italia son muy respetuosos con la utilización del pesto en sus recetas, pero ese tradicionalismo se rompe en el momento en el que te das cuenta de que el pesto es una salsa maravillosa que te permite combinarla con innumerables recetas, haciendo que los comensales se derritan de gusto.

Hervimos la pasta en abundante agua con sal. Cuando esté en su punto, la escurrimos y llevamos directamente a un cuenco grande, donde habremos abierto previamente 2 *burratas* y añadido el pesto. El pesto no debería cocinarse nunca, el exceso de calor lo disgrega, hace que se vuelva demasiado graso y apaga los colores.

Una vez tienes todos los ingredientes juntos, ponemos un poco de pimienta e integramos todo con movimientos envolventes hasta conseguir que la *burrata* se haya fundido.

PENNE ALL'ARRRABBIATA

Ingredientes:

- 400 g *kalamarata*
  Benedetto Cavalieri
- 800 g de tomate rojo
  pelado en su jugo
  Finagricola
- 80 g de aceitunas Leccina
  De Carlo
- 80 g de alcaparras Capperi
  di Salina
- queso parmesano
  Malandrone 1477
- 4 dientes de ajo
- *peperoncino* o *gochugaru*
  Colmado Singular
- perejil
- sal pura blanca Halen Môn
- pimienta negra entera
  Parameswaran's
- aceite de oliva virgen extra
  Furgentini

En esta receta el tomate se pone divertido, salino y mediterráneo. El nombre hace referencia a ese sabor picante y disparatado del chile, las alcaparras y las aceitunas.

Hierve tu pasta. Mientras tanto, vamos a preparar la salsa en una sartén grande. Picamos los ajos y los doramos en aceite de oliva virgen extra. Añadimos las alcaparras (previamente aclaradas del exceso de sal). Cuando empiecen a chisporrotear en el aceite, agregamos las aceitunas y el chile. En cuestión de 2-3 minutos, volcamos todo el tomate y dejamos que se sofría a fuego medio. Cuando esté en el punto de concentrado que desees, añade el perejil picado y la pasta hervida. Acto seguido, pon queso parmesano rallado al gusto y mezcla todo muy bien.

PASTA AL HUEVO CON PESTO Y TOMATES CHERRY

Ingredientes:

- 300 g de harina Mulino Marino Bio tipo 00
- 3 huevos
- 180 g de pesto Rossi
- 60 g tomates cherry semisecos De Carlo
- sal pura blanca Halen Môn
- pimienta negra entera Parameswaran's
- aceite de oliva virgen extra Furgentini

En Italia, la pasta fresca es sinónimo de celebración. Podemos encontrarla en dos variantes: al huevo y con agua y sémola (muy popular en La Puglia). Aquí practicaremos la pasta fresca al huevo. Antes de empezar, una aclaración: para esta receta es necesario tener una máquina de pasta que nos ayudará a conseguir resultados óptimos en menos tiempo (aunque es posible hacerla con rodillo y mucha paciencia). Emplearemos harina de tipo 00, más fina y sedosa, con la que obtendremos una pasta muy delicada y suave.

Primero hay que formar un volcán de harina, colocar en su centro ahuecado los huevos y amasar hasta conseguir una bola homogénea y lisa. Al principio es quebradiza, pero en cuestión de 10 minutos verás que consigues la textura deseada. Déjala reposar 30 minutos. Ahora, divídela en 6 trozos y empieza estirando la masa en el número más bajo de la laminadora. Ve aumentando poco a poco hasta conseguir el grosor deseado. Estas máquinas suelen ir del 1 al 8. Yo prefiero quedarme en el 6, que tiene buena mordida y no es excesivamente fina. Después, puedes elegir la forma que prefieras: *spaghetti, linguine, pappardelle...*

Prepara el agua de cocción y hierve la pasta. Sabrás que está lista cuando, tras 2 minutos, la pasta empiece a flotar. Una vez hervida y fuera de los fuegos, mézclala con el pesto y los tomates cherry. Con un toque de pimienta, estará lista para comer.

MALTAGLIATI CON PESTO Y SALMÓN

Ingredientes:

- 400 g *maltagliati* Campofilonese
- 180 g de pesto Rossi
- 200 g de salmón ahumado Grants
- limón o lima
- sal pura blanca Halen Môn
- pimienta negra entera Parameswaran's
- aceite de oliva virgen extra Furgentini

Puedes utilizar la combinación del salmón con el pesto como base de cualquier plato que te guste. Está buena en una pizza, en un sándwich, en una ensalada, etcétera. Cuando la parte más grasa del salmón se combina con lo aromático y refrescante de la albahaca la mixtura resultante es ganadora.

La pasta Campofilonese es una pasta seca al huevo. Tarda en cocerse 3-4 minutos y consigues una textura y mordida de lo más interesante. Pon el agua a hervir y echa la pasta. Trocea el salmón a modo de tartar. En un cuenco grande, colocamos el pesto y, cuando la pasta esté hervida, mezclamos fuera del fuego. Servimos en platos individuales y colocamos el salmón por encima, un toque de pimienta, unas gotas de aceite de oliva y un poco de ralladura de limón.

LINGUINE CON NATA Y CARDAMOMO

Ingredientes:

- 400 g *linguine* Benedetto Cavalieri
- 16 vainas de cardamomo verde Colmado Singular
- 400 ml de nata
- 1 limón
- sal pura blanca Halen Môn
- pimienta negra entera Parameswaran's
- aceite de oliva virgen extra Furgentini

En Italia se consume pasta con nata. Es un hecho constatado. Es más, los *tortellini alla panna* son un clásico de lo más hedonista y apetecible. El truco consiste en cocer poco la nata, conseguir que quede ligera y agradable al paladar. En esta receta te propongo aromatizar la nata con cardamomo verde y limón. El cardamomo verde es refrescante y cítrico, ayudará a hacer aún más ligera esta receta.

Hervimos la pasta con la técnica habitual. Ponemos a cocinar la nata en una sartén. Esta se cocina en cuestión de 3 o 4 minutos. En el momento en el que veamos que se espesa, la sacamos del fuego, y añadimos la ralladura de un limón, la pimienta negra y las semillas de cardamomo machacadas. Volcamos la pasta hervida directamente en la salsa e integramos. Me parece suave y muy perfumada.

CASARECCI CON TOMATE Y PARMESANO

Ingredientes:

- 400 g *casarecci* Benedetto Cavalieri
- 1 kg de tomate pelado Paolo Petrilli
- 3 dientes de ajo
- 60 g de queso parmesano Malandrone 1477
- sal pura blanca Halen Môn
- pimienta negra entera Parameswaran's
- aceite de oliva virgen extra Furgentini

Esta receta es un básico. Es tan sencilla y sobria en ingredientes, que si te gusta el tomate (y te animas a probar el de Paolo Petrilli), te engancharás a ella igual que los niños. Hierve la pasta con abundante sal. Haremos ahora una salsa muy italiana: sofreiremos el tomate durante poco tiempo (será más natural que frito) y lo aromatizaremos con tres dientes de ajo que retiraremos en el momento en el que haya perfumado el aceite.

Entonces: en aceite caliente, lanza los dientes de ajo y deja que se doren. Retíralos y añade ahora el bote de tomate. No es necesario reducir en exceso. Dale un punto de fritura, pero deja que algunos trozos todavía se mantengan naturales. Añade la pasta hervida y espolvorea generosamente con queso parmesano rallado. Mézclalo todo muy bien y sirve con un poco de pimienta negra y unas gotas de aceite de oliva virgen extra crudo.

ALFREDO & CACIO E PEPE

Ingredientes:

- 400 g *bucatini* Benedetto Cavalieri
- 80 g de queso parmesano Malandrone 1477
- 120 g mantequilla
- 1 limón
- jengibre en polvo Colmado Singular
- sal pura blanca Halen Môn
- pimienta verde de Pichincha
- pimienta negra entera Parameswaran's
- aceite de oliva virgen extra Furgentini

En esta receta he decidido hermanar dos clásicos de la cocina italiana. Por separado funcionan, pero juntos también. Así que, una vez que decides romper tradiciones, ¿qué problema hay en añadir algún elemento perfumado que termine de ponerlo divertido? Ninguno.

Empezamos preparando el agua para la cocción de la pasta. Por otro lado, en una sartén amplia, tostamos bastante pimienta negra y verde. La pimienta verde aportará matices cítricos y muy refrescantes. Añadimos también el jengibre (al gusto) y la ralladura de la piel de un limón. Una vez que la pimienta esté tostada, apagamos el fuego y añadimos la mantequilla, que se derretirá con el calor residual.

Agrega la pasta hervida a la mantequilla con pimienta. Añade el queso parmesano rallado y, con ayuda de un poco de agua de cocción, *manteca* muy bien e integra la mantequilla con el queso y el agua. El resultado será una crema que envuelve por completo la pasta. Una crema sabrosa y perfumada para empezar y no parar.

SALSA BOLOÑESA O RAGÚ

Ingredientes:

- 2 kg de tomate Paolo Petrilli
- 500 g de carne picada de vaca
- 500 g de carne picada de cerdo
- 50 g de panceta de cerdo (opcional)
- 1 rama de apio
- 1 zanahoria grande
- 1 cebolla grande
- 150 ml de vino tinto
- 250 ml de leche entera
- 250 ml de caldo de ternera Colmado Singular
- sal pura blanca Halen Môn
- pimienta negra entera Parameswaran's
- aceite de oliva virgen extra Furgentini

Si existe un tridente en la base de los sofritos de la cocina italiana es apio, cebolla y zanahoria. Así arrancan la mayoría de sus guisos más conocidos. El ragú o la salsa boloñesa no podía ser menos.

Pica muy pequeña la verdura y lánzala a una olla grande con un poco de aceite de oliva. Deja que se dore y se vuelva ligeramente traslúcida. A continuación, sube la temperatura y añade la carne. Permite que se haga hasta que esté frita más que cocida. Es hora de añadir el vaso de vino y dejar que se evapore el alcohol (lo sabes cuando metes la nariz en el guiso y de repente, por arte de magia, vuelve a oler a guiso y no hay restos alcohólicos). Ahora vertemos la leche y el caldo de ternera. Dejamos que se reduzca y cuando no tengamos prácticamente líquido en la olla, añadimos los dos kilos de tomate. Guisamos a fuego suave durante 3 o 4 horas. Esta es la clave de la boloñesa, se trata de un guiso lento. Justo al final de su cocción, podrás añadir orégano o albahaca al gusto. Ya está lista para una lasaña, una pasta o cualquier relleno que se te antoje.

CARBONARA DE CALABACÍN

Ingredientes:

- 400 g de *spaguetti* Benedetto Cavalieri
- 1 calabacín mediano
- 8 yemas de huevo
- 120 g de queso parmesano Malandrone 1477
- pimienta negra Parameswaran's
- sal pura blanca Halen Môn

Una carbonara vegetariana, pero igual de sabrosa y adictiva. En este caso, lo que haremos es sustituir el *guanciale* por el calabacín. Será más ligera, y si te gustan las verduras, podrás hacerla también con alcachofas o puerro. El proceso es igual que el de la carbonada original, pero lo explicamos igualmente.

Pon a hervir agua con 10 g de sal por cada litro. Añade la pasta cuando el agua rompa a hervir. Trocea el calabacín y sofríelo hasta que esté tierno, pero no excesivamente blando. Por otro lado, pulveriza el queso parmesano y mézclalo con las yemas de huevo y mucha pimienta.

En la misma sartén donde has sofrito el calabacín, añade medio cazo de agua de cocción e inmediatamente la pasta hervida. Con agua todavía en la base de la sartén, apaga el fuego e integra la crema de carbonara. Remueve con intensidad y añade algo más de agua si fuera necesario, hasta conseguir una crema muy envolvente. A la hora de servirlo puedes dejar unos trocitos de calabacín para rematar el plato junto con un toque de pimienta.

SPAGHETTONI CON TARTAR DE GAMBAS

Ingredientes:

- 400 g de *spaghettoni* Benedetto Cavalieri
- 500 g de gambas rojas o blancas
- 2 yemas de huevo
- 85 g de pesto Rossi
- 100 ml de nata
- 120 g de queso parmesano Malandrone 1477
- pimienta negra Parameswaran's
- sal pura blanca Halen Môn

Pelamos la gambas y reservamos las cabezas. Al cuerpo podemos retirarle la parte de los intestinos y picar el resto en trozos generosos. Aliñamos el tartar de gambas con ralladura de limón, pimienta negra, aceite de oliva virgen extra y sal. Reservamos. Doramos ligeramente las cabezas de gamba en un cazo con un poco de aceite. Vertemos la nata y bastante pimienta negra. Deja que se cocine todo junto durante 3 o 4 minutos, trituramos y colamos (este último paso es imprescindible). Si la crema queda muy líquida, redúcela hasta conseguir la textura de una crema de verduras.

Por otro lado, en una sartén grande, tostamos la pimienta, añadimos un poco de agua de cocción y, acto seguido, la pasta hervida. Apagamos el fuego y agregamos las yemas de huevo y el pesto. *Mantecamos* enérgicamente. Servimos en platos individuales y los coronamos con una cucharada de tartar de gambas y un par de cucharadas del jugo de sus cabezas.

TUBETTINI CON GUISANTES

Ingredientes:

- 500 g de guisantes frescos pelados
- 280 g *tubettini* Benedetto Cavalieri
- 6 lonchas de beicon
- 1 cebolleta fresca
- 60 g de queso parmesano Malandrone 1477
- 4 yemas de huevo
- 1 cucharadita de postre de albahaca semifresca Elody
- pimienta negra Parameswaran's
- sal pura blanca Halen Môn
- aceite de oliva virgen extra Furgentini

Empieza picando la cebolla y troceando el beicon En una olla (aquí es donde va a ocurrir toda la magia), pocha la cebolla y añade el beicon. Deja que se haga hasta que esté dorado. Añade ahora los guisantes pelados y dale unas vueltas hasta que empiecen a chisporrotear. Cúbrelos de agua y deja que se cuezan durante 5 minutos. A continuación, añade la pasta directamente a la olla de los guisantes y el sofrito. Al mismo tiempo, tendrás un cazo con agua caliente al lado e irás vertiendo agua caliente a la pasta según se vaya consumiendo. Exactamente igual que harías con un risotto.

En un cuenco aparte, mezcla el parmesano rallado con las yemas de huevo, la albahaca y bastante pimienta negra. Cuando la pasta esté en su punto y muy cremosa (añade algo más de agua si fuera necesario), apaga el fuego y añade la mezcla que acabas de elaborar. Termina de *mantecar*, sirve y dale un toque de pimienta final con un hilo de aceite de oliva virgen extra.

SPAGUETTI CON BOTARGA Y ALMEJAS

Ingredientes

- 200 g de *spaguetti* Benedetto Cavalieri
- botarga rallada Stefos
- 500 g de almejas o chirlas frescas
- 100 ml de amontillado (vino blanco o cava)
- ½ limón
- mantequilla
- pimienta negra Parameswaran's
- sal pura blanca Halen Môn

Es difícil salir de Cerdeña sin probar su pasta con botarga. Se trata de una receta sencilla, con pocos ingredientes, pero con muchísimo sabor. Vamos a empezar lanzado una nuez de mantequilla, una guindilla y pimienta negra a una sartén grande. Con todo fundido y chisporroteando añadimos las almejas y un chorrito de amontillado (podría ser vino blanco o cava), tapamos y dejamos que las almejas se abran. Las retiramos, pero conservamos en la sartén el jugo restante. A ese jugo le añadimos otra nuez de mantequilla y la ralladura de medio limón. Añadimos agua de cocción y acto seguido nuestra pasta cocida. Empezamos a *mantecar* y añadimos también 2 cucharaditas de botarga rallada. Incorporamos nuestras almejas y terminamos de integrar. Emplatamos y rematamos con un poco más de botarga, pimienta negra y aceite de oliva virgen extra.

PIZZAS

PIZZA DE TOMATE AMARILLO, PESTO Y QUESO TALEGGIO

Ingredientes:

- 1 base de pizza romana La Spiga Food
- 100 g de tomate amarillo pelado en su jugo Finagricola
- pesto Rossi
- queso Taleggio Taddei
- albahaca
- pimienta negra entera Parameswaran's
- aceite de oliva virgen extra Furgentini

Precalienta el horno a máxima temperatura con calor arriba y abajo. Calienta también la bandeja donde vayas a cocer la pizza para que la reciba una superficie caliente y ayude a formar la corteza crujiente.

Extiende en tu base de pizza el tomate amarillo chafando ligeramente cada tomatito para repartirlo mejor. Coloca los trozos de queso repartidos de forma irregular. Dale un toque de pimienta y rocía unas gotas de aceite de oliva. Llévala al horno 7-8 minutos, hasta que los bordes y la base estén crujientes. Al sacarla, deja caer unas cucharadas de pesto y unas hojas de albahaca. Córtala en 8 trozos y no llames a nadie.

PIZZA BARBACOA CON COSTILLA DE TERNERA

Ingredientes:

- 1 base de pizza romana La Spiga Food
- 100 g de tomate amarillo pelado en su jugo Finagricola
- 100 g de queso Taleggio Taddei
- 1 costilla de vaca cocinada a baja temperatura Cal Tomàs
- salsa barbacoa Halen Môn
- pimienta negra entera Parameswaran's
- aceite de oliva virgen extra Furgentini

La pizza barbacoa podría ser un sacrilegio en Italia, pero aquí la irreverencia nos motiva, y cuando algo está bueno, apostamos por ello. Eso sí, controlando la calidad de los productos que empleamos.

Precalienta el horno a máxima temperatura con calor arriba y abajo. Calienta también la bandeja donde vayas a hacer la pizza para que la reciba una superficie caliente y ayude a formar la corteza crujiente.

Deshuesa y trocea la costilla ya cocida. Tienes la opción de comprarla hecha (en tal caso, te recomiendo esta) o hacer la tuya propia. En la base de la pizza, extiende el tomate y coloca los trozos de carne, y por encima, los trozos de queso. Pon en el horno 7-8 minutos. Al sacarla, añade unas cucharaditas de salsa barbacoa y dale un toque de pimienta.

PIZZA DE CHISTORRA Y TIKKA MASALA

Ingredientes:

- 1 base de pizza romana La Spiga Food
- 100 g de tomate rojo pelado en su jugo Finagricola
- ½ chistorra
- 3-4 piparras La Soltera
- ½ cebolla morada
- Queso parmesano Malandrone 1477
- tikka masala Colmado Singular
- pimienta negra entera Parameswaran's
- aceite de oliva virgen extra Furgentini

La chistorra es un embutido similar al chorizo, pero crudo. Si no encuentras este ingrediente en tu país, puedes utilizar salchicha fresca.

Precalienta el horno a máxima temperatura con calor arriba y abajo. Calienta también la bandeja donde vayas a hacer la pizza para que la reciba una superficie caliente y ayude a formar la corteza crujiente.

Ahora extiende el tomate sobre la base de tu pizza, trocea la chistorra y colócala por encima. Pica en juliana la cebolla morada o la cebolleta fresca y repártela por toda la superficie; haz lo mismo con las piparras. Es hora de rallar el queso parmesano al gusto y de espolvorear ligeramente la mixtura de tikka masala. Añade un hilo de aceite de oliva, un toque de pimienta negra y al horno durante 7-8 minutos.

PIZZA DE UVA Y QUESO AZUL

Ingredientes:

- 1 base de pizza romana
  La Spiga Food
- 100 g de queso azul
- 200 g de uva
- frutos secos ahumados
  Colmado Singular
- albahaca
- sal pura blanca Halen Môn
- pimienta negra entera
  Parameswaran's
- aceite de oliva virgen extra
  Furgentini

Ve preparando el horno a máxima temperatura con calor arriba y abajo. Calienta también la bandeja donde vayas a hacer la pizza para que la reciba una superficie caliente y ayude a formar la corteza crujiente.

Primero debes preparar las uvas: córtalas en rodajas finas y despepítalas. Colócalas en un cuenco y alíñalas con pimienta, sal y aceite de oliva virgen extra. Deshaz el queso azul y remuévelo todo. Reparte la mezcla por encima de la base de pizza. Machaca unos frutos secos ahumados, ponlos encima y lleva la preparación al horno durante 7-8 minutos. Al sacarla, deja caer un hilo de aceite de oliva, un toque de pimienta y unas hojas de albahaca.

PIZZA DE QUESO TALEGGIO, PIMIENTOS DE PIQUILLO Y ACEITUNAS KALAMATA

Ingredientes:

- 1 base de pizza romana
  La Spiga Food
- 100 g de tomate amarillo
  pelado en su jugo
  Finagricola
- 100 g de queso Taleggio
  Taddei
- 4-5 pimientos de piquillo
  La Soltera
- 12 aceitunas kalamata
  Neféli
- pimienta negra entera
  Parameswaran's
- aceite de oliva virgen extra
  Furgentini

Precalienta el horno a máxima temperatura con calor arriba y abajo. Calienta también la bandeja donde vayas a hacer la pizza para que la reciba una superficie caliente y ayude a formar la corteza crujiente. Extiende el tomate por la base de la pizza, rompe con los dedos los pimientos de piquillo y colócalos por encima; reparte el queso a trozos y deja caer las aceitunas. Lleva la preparación al horno, no sin antes dejar caer un hilo de aceite de oliva y un toque de pimienta negra. Después de 7-8 minutos, tendrás ante ti una de las pizzas más sabrosas que hayas probado.

PIZZA EXTRAFINA DE PESTO, TOMATES CHERRY SEMISECOS Y TOMATE AMARILLO

Ingredientes:

- 1 base de pizza extrafina redonda Colmado Singular
- 80 g de tomate amarillo pelado en su jugo Finagricola
- tomates cherry
- pesto Rossi
- pimienta negra entera Parameswaran's
- aceite de oliva virgen extra Furgentini

Estas bases son muy finas y extremadamente crujientes; son muy versátiles y es importante que no la cargues en exceso de ingredientes (sobre todo líquidos, como el tomate), para que la masa pueda permanecer crujiente. Aclarado este punto, precalienta el horno a máxima temperatura con calor arriba y abajo. Calienta también la bandeja donde vayas a hacer la pizza para que la reciba una superficie caliente y ayude a formar la corteza crujiente.

Mientras, coloca el tomate por encima, un hilo de aceite de oliva y un toque de pimienta. Lleva la preparación directamente al horno y deja que la base se haga bien. Si fuera necesario, ayúdate de la resistencia del horno y coloca la bandeja directamente en la base del mismo (sin perderla de vista nunca). Al sacarla, reparte unos puntos de pesto y unos tomatitos cherry semisecos. Dale un toque de pimienta y a disfrutar.

PIZZA DE BERENJENA, PIMIENTOS Y ANCHOAS

Ingredientes:

- 1 base de pizza romana La Spiga Food
- 1 berenjena
- 5 pimientos de piquillo La Soltera
- 6 anchoas La Singular del Mar
- pimienta negra entera Parameswaran's
- aceite de oliva virgen extra Furgentini
- sal pura blanca Halen Môn

Esta pizza se parece más a una coca del mediterráneo de nuestra península que a una pizza italiana, pero esa es la gracia precisamente, ver cómo compartimos productos, historia y formas de hacer.

Lleva al horno la berenjena con sal y un poco de aceite de oliva; hazle alguna hendidura para evitar que explote. Cuando esté tierna, deja que se enfríe y pélala. En esta ocasión, vamos a hornear la base de pizza sola, con un poco de aceite y pizca de sal, en el horno previamente precalentado a temperatura máxima con calor de arriba y abajo. Cuando esté crujiente, la retiramos. Ahora coloca toda la verdura por encima (fría o templada). Deja para el final las anchoas y un toque de aceite de oliva virgen extra.

PIZZA EXTRAFINA DE CIME DI RAPA, TOMATE Y ACEITUNAS LECCINA

Ingredientes:

- 1 base de pizza extrafina rectangular Colmado Singular
- 100 g de *crème fraîche* Gusto Palatino
- 50 g de tomate frito (ver página 57)
- 50 g de *cime di rapa* De Carlo
- 30 g de aceitunas Leccina De Carlo
- pimienta negra entera Parameswaran's
- aceite de oliva virgen extra Furgentini

Precalienta el horno a máxima temperatura con calor arriba y abajo. Calienta también la bandeja donde vayas a hacer la pizza para que la reciba una superficie caliente y ayude a formar la corteza crujiente.

Esta vez, todos los ingredientes van al horno directamente. Prepara tu base con la *crème fraîche* y unos puntos de tomate distribuidos de forma aleatoria. Trocea las *cime di rapa* y colócalas encima. Reparte las aceitunas, deja caer un hilo de aceite y un toque de pimienta. Lleva la preparación al horno hasta que esté muy crujiente. Ayúdate de la base del horno si fuera necesario para terminar de cocerla.

PIZZA DE SARDINILLAS Y TOMATE PICANTE

Ingredientes:

- 11 base de pizza romana La Spiga Food
- 100 g de *crème fraîche* Gusto Palatino
- 30 g de aceitunas Leccina De Carlo
- 8 sardinillas La Singular del Mar
- crema de tomates «Red Passion» De Carlo
- pimienta negra entera Parameswaran's
- aceite de oliva virgen extra Furgentini

Precalienta el horno a máxima temperatura con calor arriba y abajo. Calienta también la bandeja donde vayas a hacer la pizza para que la reciba una superficie caliente y ayude a formar la corteza crujiente. Reparte la *crème fraîche* por toda la superficie. Deja caer las aceitunas Leccina y puntea con el tomate picante. Lleva la preparación al horno 7-8 minutos, hasta que esté crujiente. Al sacarla, reparte las sardinillas. Tanto las anchoas como las sardinillas es mejor ponerlas después de sacar la pizza del horno; de esta forma, no quedarán tan saladas y la textura será más agradable. Deja caer un hilo de aceite de oliva y un toque de pimienta.

PIZZA EXTRAFINA DE CHAMPIÑONES Y PANCETA

Ingredientes:

- 1 base de pizza extrafina rectangular Colmado Singular
- 100 g de *crème fraîche* Gusto Palatino
- 6-7 champiñones Portobello
- 3 lonchas de panceta o beicon
- 30 g de aceitunas Leccina De Carlo
- 1 cebolleta
- pimienta negra entera Parameswaran's
- aceite de oliva virgen extra Furgentini

Precalienta el horno a máxima temperatura con calor arriba y abajo. Calienta también la bandeja donde vayas a hacer la pizza para que la reciba una superficie caliente y ayude a formar la corteza crujiente. Es el momento de extender la *crème fraîche* por toda la superficie y repartir los champiñones, el beicon y la cebolleta bien picados. Además, añadiremos unas aceitunas Leccina y estará lista para ir al horno el tiempo necesario hasta que la base esté dorada y crujiente. Al sacarla del horno o justo antes de poner dentro la preparación, puedes añadir pimienta negra y un hilo de aceite de oliva virgen extra.

PIZZA DE BUTIFARRA, PESTO Y CEBOLLA ENCURTIDA

Ingredientes:

- 1 base de pizza romana La Spiga Food
- 100 g de tomate rojo pelado en su jugo Finagrícola
- 50 g de queso Pan di Cacio
- 80 g de butifarra
- 30 g de pesto Rossi
- 1 cebolla morada
- 100 ml de vinagre de manzana o arroz
- 100 ml de agua
- 20 g de azúcar
- 5 g de sal pura blanca Halen Môn
- pimienta negra entera Parameswaran's
- aceite de oliva virgen extra Furgentini

Cuidado con esta pizza, puede convertirse en una adicción irreversible.

Precalienta primero el horno a máxima temperatura con calor arriba y abajo. Calienta también la bandeja donde vayas a hacer la pizza para que la reciba una superficie caliente y ayude a formar la corteza crujiente. A continuación, haremos la cebolla morada encurtida exprés. Pícala en juliana y colócala en un cuenco junto con el vinagre, el agua, el azúcar, el agua y la sal. Puedes dejarla macerar un par de horas antes de hacer la pizza, o justo lo que tarda en precalentar el horno. Después aguantará muy bien en nevera unos días. Ahora empezamos a montar la pizza con el tomate y el queso rallado. Después, colocamos la butifarra desmenuzada y le damos un toque de pimienta y aceite de oliva antes de meterla al horno de 7 a 8 minutos, hasta que esté crujiente. Al sacarla del horno, colocamos la cebolla encurtida al gusto y las cucharaditas de pesto.

PIZZA DE ANCHOAS Y ACEITUNAS KALAMATA

Ingredientes:

- 1 base de pizza romana La Spiga Food
- 100 g de tomate rojo pelado en su jugo Finagricola
- 5 anchoas La Singular del Mar
- 8-9 aceitunas Kalamata Neféli
- pimienta negra entera Parameswaran's
- aceite de oliva virgen extra Furgentini

Precalienta el horno a máxima temperatura con calor arriba y abajo. Calienta también la bandeja donde vayas a hacer la pizza para que la reciba una superficie caliente y ayude a formar la corteza crujiente. La clave en esta receta es que las anchoas, sobre todo si las compras de calidad, no entren al horno nunca. Ganarás mucho en textura y sabor. Es por eso que es preferible hacer la pizza con el tomate, las aceitunas kalamata, un toque de pimienta negra, el hilo de aceite y llevarla al horno alrededor de 7-8 minutos, y justo al sacarla, añadir las anchoas. De esta forma cogerán temperatura, pero no llegarán a cocinarse. Si te gusta mucho el ajo, puedes hacer láminas muy finas con un diente y añadirlo antes de que la pizza entre al horno.

PIZZA DE TOMATE AMARILLO, BUTIFARRA Y CIME DI RAPA

Ingredientes:

- 1 base de pizza romana
  La Spiga Food
- 100 g de tomate amarillo
  pelado en su jugo
  Finagricola
- 50 g de queso Pan di Cacio
- 80 g de butifarra
- 70 g de *cime di rapa*
  De Carlo
- pimienta negra entera
  Parameswaran's
- aceite de oliva virgen extra
  Furgentini

Prepara la base de tu pizza con el tomate, el queso rallado, la butifarra desmenuzada y las *cime di rapa* troceadas. Repártelo todo de forma equilibrada. Dale un toque de pimienta negra y pon un hilo de aceite de oliva virgen extra. Precalienta el horno a máxima temperatura con calor arriba y abajo. Calienta también la bandeja donde vayas a hacer la pizza para que la reciba una superficie caliente y ayude a formar la corteza crujiente. Una vez que el horno esté caliente, mete la pizza y espera 7-8 minutos a que esté muy crujiente.

UN RISOTTO

RISOTTO MILANÉS

Ingredientes:

- 320 g de arroz Acquerello
- 40 hebras de Royal Saffron
- 80 g de mantequilla
- 80 g de queso parmesano
  Malandrone 1477
- 1,5 l de caldo de pollo
  Colmado Singular
- 1 cebolla
- ½ vaso de vino blanco
- sal pura blanca Halen Môn
- pimienta negra
  Parameswaran's

Como en las recetas de pasta, esta receta está calculada para 4 personas.

Pon el caldo a calentar junto con el azafrán y tenlo caliente durante toda la elaboración. Ahora sofríe la cebolla. Cuando esté traslúcida, añade el arroz y dale unas vueltas hasta que quede de color nacarado. Añade el vino blanco y deja que se evapore. A partir de ahora, vierte caldo poco a poco y a demanda. No dejes de remover y tampoco permitas que el arroz llegue a secarse por completo en un ningún momento. Cuando tengamos el punto deseado, apagamos el fuego y añadimos el queso parmesano rallado, y también la mantequilla. Removemos enérgicamente hasta que todo sea cremoso. Sirve y dale un toque de pimienta negra.

GLOSARIO

B

botarga: es un alimento típico de varias regiones costeras del mar Mediterráneo que consiste en las huevas de ciertos pescados, saladas y secas. Es considerado como el caviar del sur, y tiene el mismo valor nutricional y culinario.

bucatini: también llamado *foratini*, es una especie de *spaguetti* que tiene un agujero longitudinal. El nombre proviene de *buco*, que significa en italiano «agujero» o *foro* que significa «perforación». Es una pasta muy similar a los *spaguetti*, pero más fina, con una textura muy similar al *vermicèlli*.

burrata: queso fresco elaborado con pasta hilada y nata, parecido a la mozzarella, pero más cremoso, especialmente en su interior; es originario de la región italiana de Apulia.

butifarra: es un embutido fresco compuesto de carne picada de cerdo condimentada con sal, pimienta y, a veces, otras especies. En España se pueden encontrar distintas variedades según la región.

C

calamansí: la calamondina o calamansí, también conocida como «planta de naranjo miniatura», es nativa de Filipinas y de China. Produce naranjas diminutas comestibles y agrias. Se usan como si fueran limones o limas en muchas recetas.

caponata: es un guiso clásico de la cocina siciliana que se elabora principalmente con berenjenas, apio, tomates, olivas, etcétera, finamente cortados, cocinados en aceite de oliva y acompañado de alcaparras.

casarecci: es el nombre de un tipo de pasta tradicional del sur de Italia, el significado de su nombre es 'hecho en casa'. Es una pasta corta y acanalada

coca: es una masa de pastelería típicamente hecha y consumida en la costa mediterránea española.

crème fraîche: es un tipo de nata fermentada procedente de la región francesa de Normandía.

chile chipotle: es un tipo de chile que se ha dejado madurar y secar, para después ser ahumado y aliñado.

E

erbazzone: es una especie de empanada que se prepara en la parte norte de la región italiana Emilia-Romagna; está hecha de una masa muy fina rellena de acelgas, tocino o panceta y abundante queso Parmigiano Reggiano.

G

gnocchi sardi: pertenecen al grupo de pasta corta elaborada con trigo duro. Son originarios de la Cerdeña. También denominados *Malloreddus sardi*. Tienen forma de conchas finas estriadas y es la pasta más popular de la cocina sarda.

guanciale: es un embutido típico italiano, similar a la panceta, y el auténtico protagonista de las salsas carbonara y amatriciana.

gochugaru: ají o chile rojo coreano.

J

judías verdes: ejotes en México, chauchas en Argentina, porotos verdes en Chile, vainitas en Perú, Venezuela y Ecuador, habichuelas en Colombia.

K

Kalamarata: es una pasta en forma de calamar en rodajas.

L

Linguine: es un tipo de pasta plana similar a los *spaguetti* originario de Liguria, región de Italia. En España se los conoce frecuentemente bajo el nombre de *tallarines*.

M

Maccheroni: este término, o macarrón, indica un tipo genérico de pasta seca, con una forma similar a un tubo vacío por dentro, de manera que pueda contener mejor las salsa..

Maltagliati: el nombre de esta pasta significa literalmente «mal cortado», una referencia a las formas irregulares que se pueden encontrar en un paquete de *maltagliati*. La pasta parece haberse originado en el distrito de Emilia, en el norte de Italia.

O

Orecchiette: es un tipo de pasta originaria de Apulia cuya forma recuerda a la de una oreja.

P

pan *carasatu*: es un pan plano tradicional de Cerdeña. Es delgado, normalmente en forma de plato de medio metro de ancho. Está hecho tomando pan plano cocido, separándolo en dos hojas que se vuelven a hornear de nuevo.

panini: es una variedad de sándwich de origen italiano.

panko: pan rallado japonés.

parmigiana: la *parmigiana* de berenjenas, también conocida como berenjenas a la *parmigiana* o sencillamente *parmigiana*, es un plato típico de Sicilia y de Italia meridional. Es como una lasaña hecha de berenjenas, mozzarella, queso parmesano rallado, salsa de tomate y hojas de albahaca.

peperoncino: es la variedad de pimiento picante más extendida en Italia.

pesto: es un condimento o salsa típica originaria de la Liguria. Su ingrediente principal es la albahaca. Además, se muelen piñones y ajo, todo ello aderezado con queso parmesano y/o queso de oveja, y aceite de oliva.

piparra: es una guindilla de pequeña longitud, estrecha, alargada y lisa. La coloración es verde amarillenta y uniforme, y con un ligero brillo. La guindilla se conoce en muchos países de Latinoamérica como chile, ají o pimiento.

pisto: plato elaborado con verduras, normalmente pimiento verde, pimiento rojo, cebollas, calabacín y tomates.

Q

quisquilla: camarón.

R

relish: condimento anglosajón de origen indio, parecido al chutney pero más especiado. Es un puré agridulce a base de frutas ácidas y verduras a las que se añaden cebollas tiernas en vinagre, pepinillos y especias, todo ello cocido con azúcar y vinagre.

S

steak tartar: un plato elaborado con carne de vacuno cruda, cortada muy fina y acompañada de cebolla, alcaparras, pimienta, mostaza, salsa inglesa y yema de huevo.

T

Tempura: se refiere a la técnica de fritura japonesa, que fue introducida por los portugueses en el siglo XVI. Cada trozo de comida debe tener el tamaño de un bocado y se fríe en aceite a 180 °C durante dos o tres minutos.

tubetti rigati: pertenecen a la familia de las pastas secas muy cortas, de corte recto y estriadas, son originarios del norte de Italia.

U

umami: se trata de uno de los sabores básicos, junto con el amargo, salado, ácido o agrio y dulce. La palabra *umami* proviene del idioma japonés y significa «sabroso», y fue el término elegido por el japonés Kikunae Ikeda para referirse a los alimentos cuando tienen un sabor delicioso y pronunciado o intenso.

NOTAS

ISBN: 978-84-18223-61-7 • Depósito legal: B-19325-20222
Diseño: Pati Núñez
Fotografías: Ainhoa Aguirregoitia
Ilustración de la cubierta: María Corte
Maquetación: Cuqui Puig
Impresión y encuadernación: GraphyCems
Impreso en España / *Printed in Spain*

1ª edición, noviembre de 2022